Inhalt

Die Abfallablagerungsverordnung - Zum 1. Juni 05 begann ein neues Abfallzeitalter

Kernthesen

Beitrag

Fallbeispiele

Weiterführende Literatur

Impressum

Die Abfallablagerungsverordnung - Zum 1. Juni 05 begann ein neues Abfallzeitalter

I.Zeilhofer-Ficker

Kernthesen

- Am 1. Juni 2005 endete die zwölfjährige Übergangsfrist für die Neuregelung der Entsorgung von Siedlungsabfällen.
- Seitdem ist eine Deponierung der Abfälle nur noch nach thermischer oder mechanisch-biologischer Vorbehandlung erlaubt.
- Bis zum Jahr 2020 soll ein vollständiger Verzicht auf Abfalldeponierung erreicht werden.

Beitrag

Zum Stichtag 1. Juni 2005 dürfen nur noch Siedlungsabfälle auf Deponien gekippt werden, die vorher verbrannt oder mechanisch-biologisch vorbehandelt wurden. In vielen Kommunen verteuert sich die Müllentsorgung dadurch beträchtlich.

Das Inkrafttreten der Abfallablagerungsverordnung läutet ein neues Müllzeitalter ein

Schon von Anbeginn der Menschheit werden die unbrauchbaren Reste unserer Lebensführung an bestimmten Plätzen entsorgt. Viel Interessantes über die Lebensweisen unserer Vorfahren konnte man nur durch die Analyse der damaligen Mülldeponien herausfinden. Nun soll in Deutschland Schluss sein mit den Müllbergen in Abfalldeponien.

Als Siedlungsabfall bezeichnet man alle Abfälle, die außerhalb von Produktionsprozessen entstehen. Das Lagern dieser Abfälle ohne vorherige Behandlung ist für die Umwelt oft problematisch, da durch die Verrottung organischer Abfälle Deponiegase (hauptsächlich Methan) entstehen und chemische Rückstände Böden, Gewässer oder die Luft verschmutzen können. Eine sorgfältige Überwachung sowie eine Ableitung und Klärung der Sickerwässer ist deshalb über Jahrzehnte, manchmal sogar Jahrhunderte hinweg notwendig. (1), (2), (3)

Mit der im Jahr 1993 beschlossenen TA Siedlungsabfall sowie der 2001 folgenden Abfallablagerungsverordnung soll sicher gestellt werden, dass die weitere Müllentsorgung ohne Risiken und Lasten für künftige Generationen vonstatten geht. Zwölf Jahre hatten die Kommunen als zuständige Organe Zeit, sich auf die Änderungen vorzubereiten. Seit dem 1. Juni 2005 dürfen nun nur noch Abfälle auf Deponien gelagert werden, die vorher thermisch oder mechanisch-biologisch vorbehandelt wurden. Es darf nur noch inertes, also nicht (mehr) reagierendes, ungefährliches Material deponiert werden. (2), (4)

60 Prozent des Abfalls wurde 1999 noch unbehandelt auf Deponien entsorgt. Das ist nun nicht mehr möglich. 300 von 377 Mülldeponien in Deutschland mussten zum 1. Juni 2005 geschlossen werden, da sie nicht garantieren konnten, dass keine Gefahren für Boden, Grundwasser, Luft und Klima bestehen. All diese geschlossenen Deponien müssen aber noch mindestens 30 Jahre überwacht werden. (10)

Die Vorbehandlung von Müll

Ein Großteil unseres Abfalls wird über Verbrennung in einer Verbrennungsanlage vorbehandelt. Die dadurch entstehende Schlacke darf weiterhin auf den Deponien landen, ebenso wie die bei der mechanisch-biologischen Behandlung entstehenden Sekundärabfälle. In den mechanisch-biologischen Anlagen (MBA) werden brennbare Stoffe wie zum Beispiel Kunststoffe für die energetische Nutzung aussortiert, ebenso wie Metalle und andere Rohstoffe, die der stofflichen Verwertung zugeführt werden. Organischer Abfall wird durch Rotte, Vergärung oder kombinierte Verfahren behandelt, wobei entstehendes Biogas und die getrockneten brennbaren Stoffe zur Wärme- und Energieerzeugung genutzt werden. (2)

Seit 1993 wurden etwa 25 zusätzliche Müllverbrennungsanlagen sowie rund 60 MBA gebaut, die das anfallende Müllaufkommen bewältigen sollen. Insgesamt stehen mit rund 70 Verbrennungsanlagen (MVA) und den 60 MBA Kapazitäten für die Behandlung von 24 Millionen Tonnen Abfall zur Verfügung. Doch nicht alle Kommunen haben sich früh genug um

Behandlungskapazitäten bemüht, sondern so lange es ging den billigeren Weg des Deponierens gewählt. Deshalb gehen Prognosen davon aus, dass momentan in Deutschland eine Entsorgungslücke von vier bis sechs Millionen Tonnen besteht. Diese Lücke versucht man durch Aussortieren von Ersatzbrennstoffen, die dann in Zement-, Kalk- oder Kraftwerken verbrannt werden können, zu schließen. (5), (6), (7)

Ein Müllexport kann grundsätzlich nur dann noch genehmigt werden, wenn sicher gestellt ist, dass im Zielland mindestens ebenso strenge Umweltauflagen eingehalten werden, wie in der BRD. Außerdem existiert ein Vorschlag zur Änderung der EG-Verordnung dahin gehend, dass künftig die Beseitigung von Hausmüll grundsätzlich in dem Land zu erfolgen hat, in dem er entsteht. Die Zwischenlagerung ist zwar als legale Möglichkeit vorgesehen, aber mit so hohen Anforderungen und Auflagen belegt, dass dieser Schritt wohl deutlich teurer wären, als die direkte Behandlung. (3)

Rund 21,8 Milliarden Euro wurden in Müllbehandlungsanlagen seit 1993 investiert, rund 12 000 neue Arbeitsplätze sind entstanden. Die hohen gesetzlichen Anforderungen haben zur Entwicklung und Verbesserung von Entsorgungsverfahren beigetragen, die nun auf dem internationalen Markt nachgefragt werden und für deutsche Firmen beträchtliche Exportchancen versprechen. (3), (7)

Preise steigen

Die Deponierung von Müll ist wesentlich billiger als das Verbrennen oder mechanisch-biologische behandeln. Mit deutlichen Preissteigerungen ist deshalb vor allem in den Kommunen zu rechnen, die bisher den gesamten Siedlungsabfall deponiert haben. Bis zu 300 Prozent könnten sich die Preise dort erhöhen. Durch die höhere Nachfrage nach Behandlungskapazitäten muss allerdings auch in Orten, wo bisher schon verbrannt oder behandelt wurde, mit um 15 bis 30 Prozent höheren Preisen gerechnet werden. Diese Preiserhöhungen können allerdings durch eine effektive Mülltrennung und Wiederverwertung von bestimmten Wertstofffraktionen abgemildert werden. Manche Wertstoffe wie beispielsweise Papier oder bestimmte Kunststoffe können über Rückvergütungen zu Kosteneinsparungen von bis zu 30 Prozent verhelfen. (5), (6), (8)

Fallbeispiele

Hilfe bei der Optimierung des Abfallmanagements können sich sowohl Unternehmen als auch Kommunen bei der Fachgruppe Abfallwirtschaft der InfraServ GmbH& C. Knapsack KG holen. Im Rahmen einer fachlichen Beratung werden neue kostengünstige Entsorgungswege aufgezeigt und ein maßgeschneidertes Entsorgungskonzept erarbeitet. (8)

Die Überwachung von geschlossenen Deponien ist keine billige Angelegenheit. Die Deponie in Langenbrombach hat für die künftige Überwachung Rückstellungen von 6,5 Millionen Euro gebildet. Ob diese Summe ausreichen wird, ist noch fraglich. Die Deponie in Hüttenfeld rechnet mit Folgekosten von rund 20 Millionen Euro. (10)

Im Landkreis Torgau-Schatz, wo bisher hauptsächlich deponiert wurde, erhöhten sich die Gebühren für die Müllentsorgung zum 1. Juni 05 von Euro 58 pro Tonne auf 138,51 Euro pro Tonne. In anderen Landkreisen ist sogar mit Preisen von bis zu 200 Euro pro Tonne zu rechnen. (5), (11)

Die Abfallablagerungsverordnung hat aber auch einen Nachteil. Da sich nicht jeder Landkreis eine eigene MVA oder MBA leisten kann, muss der Müll oft über viele Kilometer zu den Behandlungsanlagen transportiert werden. So wird beispielsweise der Abfall aus dem Schwarzwald-Baar-Kreis ins 150 Kilometer entfernte Göppingen gebracht. (12)

Weiterführende Literatur

(1) Huber-Wagner, Daphne, Behandlung vor der Deponie, Ernährungsdienst 32 vom 27.04.2005, S. 4 aus Neue Zürcher Zeitung, 30.04.2005, Nr. 100, S. 31

(2) In der Abfallwirtschaft gärt es
aus Süddeutsche Zeitung, 15.04.2005, Ausgabe Deutschland, S. 25

(3) Jetzt geht's los
aus Entsorga Magazin 06 vom 24.06.2005 Seite 008

(4) Auflagen ruinieren Preisvorteil von MBA
aus Entsorga Magazin 06 vom 21.06.2004 Seite 018

(5) Abfallgesetze entfachen Müllfeuer
aus www.powernews.org Meldung vom 31.05.2005 - 11:12

(6) Qualität hat ihren Preis
aus Entsorga Magazin 06 vom 24.06.2005 Seite 010

(7) Stärken und Schwächen

aus Entsorga Magazin 06 vom 24.06.2005 Seite 005

(8) Auf dem Prüfstand
aus Entsorga Magazin 04 vom 22.04.2005 Seite 086

(9) Recycling wird unverzichtbar - Kreislaufwirtschaft setzt sich durch - Vollständiger Verzicht auf Deponien
aus Giessener Anzeiger vom 05.02.2005

(10) Fünf Mülldeponienin Hessen schließen
aus Darmstädter Echo, 01.06.2005

(11) O. V., Neue Kosten für Deponierung ab Juni 2005, LVZ/Leipziger-Volkszeitung, 15.04.2005, S. 11, Ausgabe: Oschatzer Allgemeine
aus Darmstädter Echo, 01.06.2005

(12) Rüskamp, Wulf, Müll rollt quer durchs Land, Badische Zeitung vom 21.03.2005, S. 1
aus Darmstädter Echo, 01.06.2005

Impressum

Die Abfallablagerungsverordnung - Zum 1. Juni 05 begann ein neues Abfallzeitalter

Bibliografische Information der deutschen Nationalbibliothek

Die Deutsche Nationalbibliothek verzeichnet diese Publikation in der deutschen Nationalbibliografie; detaillierte bibliografische Daten sind im Internet über http://dnb.d-nb.de abrufbar.

ISBN: 978-3-7379-1454-3

© 2015 GBI-Genios Deutsche Wirtschaftsdatenbank GmbH, Freischützstraße 96, 81927 München, www.genios.de

Alle Rechte vorbehalten. Dieses Werk ist einschließlich aller seiner Teile – z.B. Texte, Tabellen und Grafiken - urheberrechtlich geschützt. Jede Verwertung außerhalb der Grenzen des Urheberrechtsgesetzes bedarf der vorherigen Zustimmung des Verlags. Dies gilt insbesondere auch für auszugsweise Nachdrucke, fotomechanische

Vervielfältigungen (Fotokopie/Mikroskopie), Übersetzungen, Auswertungen durch Datenbanken oder ähnliche Einrichtungen und die Einspeicherung und Verarbeitung in elektronischen Systemen.